MEIN SCHÖNSTER ADVENT

Kerstin Niehoff Laura Fleiter

MEIN SCHÖNSTER

ADVENT

Rezepte, Gedanken und DIYs
für 24 entspannte Tage

Hölker Verlag

„SAVING THE BEST FOR LAST – HELLO DECEMBER"

Bereits im Herbst, wenn wir die warmen Monate verabschieden, steigt unsere Vorfreude. Als wahre Winterkinder beginnt für uns schon früh der Sinn für die Gemütlichkeit zu Hause. Welch Wohlbehagen, wenn die Luft wieder frischer wird und uns die Blätter um die Nasen wehen. Wenn wir uns in die früh dämmernden Abendstunden zurückziehen können, um diese friedliche Zeit zu nutzen: zum Kochen, um kreativ zu werden oder einfach um auszuruhen – für all die Dinge, die im aufregenden Sommer vielleicht zu kurz kamen.

Nicht allen fällt es so leicht, sich auf den Winter einzulassen. Doch er ist es wert, ihn anzunehmen, sich mit ihm zu verbünden, ihm einen Sinn zu geben und neue Prioritäten zu setzen. Widmen wir uns an den Wintertagen dem, was wirklich wichtig ist: Schenken wir einander Aufmerksamkeit, nehmen uns Zeit für uns selbst und unsere Gedanken oder erleben eine kostbare Zeit mit der Familie und Freunden.

Mit diesem Buch möchten wir dich dazu inspirieren, den Advent mit Gelassenheit zu füllen und den Vorweihnachtsstress auszusperren. Wir haben uns ganz bewusst dazu entschieden, den alljährlichen Kitsch außer Acht zu lassen, um den Zauber dieser Jahreszeit authentisch und unverstellt wiederzugeben. Wir möchten den Advent als eine Phase der Ruhe und Geborgenheit in Erinnerung rufen und dich einladen, diese neu aufleben zu lassen. Gedanken, Rezepte, kleine DIY-Ideen und liebevoll ausgesuchte Bilder sollen an die kleinen Dinge erinnern, die diese Zeit besonders machen.

Es freut uns sehr, dass unser Buch den Weg in deine Hände gefunden hat. Mach es dir also gemütlich und genieße den Moment für dich, wo auch immer du dich gerade befindest.

Wir wünschen dir von Herzen eine wunderbare Adventszeit.

Kerstin

INHALT

Gemüse, Obst, Kräuter und Salat vor der Verwendung stets gut waschen und trocken tupfen.

Sofern nicht anders angegeben, werden Zutaten im Backofen auf der mittleren Schiene gegart.

FÜR MICH

DO IT YOURSELF

FÜR DICH

DO IT YOURSELF

FÜR UNS

DO IT YOURSELF

DER WINTER IST DA UND UMARMT UNS KÜHL …

Was im ersten Moment trist wirken mag, ist bei näherer Betrachtung vielmehr ein tiefer und friedlicher Schlaf, in den sich die Natur zurückgezogen hat. Es scheint, als hielte sie nach all den hellen und aufgeregten Monaten zuvor inne, um sich zu erholen. Einmal anhalten, um durchzuatmen.

Was wäre, wenn wir es der Natur gleichtäten? Wenn wir im Flow der Jahreszeiten einmal langsamer werden und es uns erlauben, in kühler Luft durchzuatmen oder im Schein der Kerzen den Moment zu genießen? Ganz einfach ruhend in uns selbst.

Der Winter ist die Zeit, in der wir uns am liebsten in unsere warmen vier Wände zurückziehen, uns in dicke Decken wickeln und an einem Becher heißer Schokolade nippen. Während Regentropfen leise ans Fenster prasseln, um dort – mal langsam, mal schnell – hinabzugleiten. In der an manchen Tagen zart fallender Schnee die Welt mit einem weißen Glitzermantel bedeckt und rundum alles leiser werden lässt. Jeder dieser ruhigen Tage ist eine Einladung zur Entschleunigung.

Nähern wir uns dem Jahresende, sehnen wir uns vermehrt nach Besinnlichkeit. Und auch wenn wir unseren Alltag weiterhin bestreiten und die Hektik im Advent besonders präsent scheint, so können wir ihr dennoch entgegenwirken, indem wir den kleinen Dingen unsere Aufmerksamkeit schenken: der glitzernde Frost am Morgen auf Bäumen oder Gräsern, knisternde Feuer, die in Öfen und Kaminen flackern und tanzen. Ein Hauch von friedlicher Melancholie an glasklaren Tagen, sichtbarer Atem – und die Erinnerung daran, warum man die magischen Wochen vor Weihnachten als Kind so spannend fand. Es ist die Zeit für Zeit – für uns selbst und füreinander. Zeit, Frieden zu schließen und vergangene Ereignisse loszulassen. Zeit für das Entstehen neuer Erinnerungen.

FÜR MICH

A

Ab nach Hause. Raus aus der Kälte und rein ins Warme. Schuhe aus, Jacke aufhängen, schnell in den Kuschelpulli schlüpfen. Die Welt bleibt draußen. Vorsichtig die Kerzen anzünden – und Ruhe. Ein tiefer Atemzug im flackernden Licht. Zeit für mich.

Ein perfekter Zeitpunkt, um abzuschalten. Entziehen wir uns dem Druck und den Reizen, die tagtäglich auf uns einprasseln. Inmitten permanenter Erreichbarkeit ist es für viele von uns ungewohnt, bewusst Zeit allein zu verbringen. Oft hetzen wir durch den Alltag, sind viel zu streng mit uns selbst und funktionieren, um Erwartungen – von uns und von anderen – zu erfüllen. Dabei kommen wir nicht mehr dazu, uns selbst wahrzunehmen. Die Zeit verfliegt, und nur selten blitzt ein Moment der Klarheit auf – kaum hat man diesen wahrgenommen, vergeht er mit der nächsten Ablenkung. Es liegt an uns, ob wir uns von der anstrengenden Außenwelt einnehmen lassen oder uns bewusst dagegen entscheiden. Weihnachten ist die Zeit der Liebe – auch zu sich selbst, denn diese kommt meist viel zu kurz.

Wenn die Wintermonate nur schwaches Licht spenden und das Wetter wenige Aktivitäten in der Natur zulässt, spüren wir die Müdigkeit in Geist und Gliedern. Jetzt ist es Zeit, zur Ruhe zu kommen und aufzutanken Wir können es uns erlauben zu entschleunigen, einen Nachschlag vom köstlichen Essen zu genießen und anfallende Dinge entspannt zu erledigen. Ein stiller Rückblick auf die Ereignisse des Jahres hilft, sie loszulassen und vollends im Hier und Jetzt anzukommen. Machen wir es uns gemütlich, bekochen uns selbst und geben uns Raum, um kreativ zu werden – tun wir uns Gutes und genießen dies mit allen Sinnen. Wann, wenn nicht zur Weihnachtszeit?

WINTER BREAKFAST BOWL MIT SPEKULATIUSBRÖSELN

Wie wäre es mal mit einer Winteredition der beliebten Breakfast Bowl, gefüllt mit einer unvergesslichen Wintercreme mit Zimt und Spekulatius-Topping? Genau richtig, um frisch in den Wintertag zu starten.

Für 1 Portion
2 Bananen
1 Apfel
½ TL Zimt
2 EL Milch
1 EL zarte Haferflocken
2 TL dunkles Mandelmus
3 getrocknete Datteln, entsteint
2 Spekulatiuskekse
1 TL getrocknete Cranberrys

1 Banane schälen, in Stücke schneiden und mindestens 8 Stunden im Gefrierfach durchkühlen.

Den Apfel halbieren und entkernen. Die zweite Banane schälen. Die gefrorenen Bananenstücke mit der zweiten Banane, einer Apfelhälfte, Zimt, Milch, Haferflocken, Mandelmus und Datteln mit dem Pürierstab oder im Standmixer pürieren und in eine Schale füllen.

Die andere Hälfte des Apfels in feine Scheiben schneiden. Die Spekulatius in einem Gefrierbeutel mit einem Nudelholz oder einem anderen schweren Gegenstand zerkleinern. Die Bananen-Haferflocken-Creme mit Apfelscheiben, Spekulatiusbröseln und Cranberrys garnieren.

TIPP

Die Toppings kannst du nach Lust und Laune variieren. Perfekt eignen sich Nüsse und andere Früchte.

Wanderer im Schnee
Mitternacht schlägt eine Uhr im Tal,
Mond am Himmel wandert kalt und kahl.
Unterwegs im Schnee und Mondenschein
Geh mit meinem Schatten ich allein.
Wieviel Wege ging ich frühlingsgrün,
Wieviel Sommersonnen sah ich glühn!
Müde ist mein Schritt und grau mein Haar,
Niemand kennt mich mehr, wie einst ich war.
Müde bleibt mein dürrer Schatten stehn –
die Fahrt zu Ende gehn.

FRENCH PANCAKES MIT PFLAUMENKOMPOTT

Eine köstliche Kombi aus den Frühstückslieblingen French Toast und Pancakes – weihnachtliche Teigteilchen mit warmem Pflaumenkompott übergossen. Für den besonderen Advent-Morgen ganz für dich allein.

Für 1 Portion
Für das Kompott:
100 g Pflaumen (Glas)
1 Msp. gemahlene Vanille

Für die French Pancakes:
200 ml Milch
1 Ei
1 EL Ahornsirup
1 Msp. Zimt
2 Milchbrötchen
2 EL Pflanzenöl

Für das Kompott die Pflaumen mit dem Einlegewasser mit einem Pürierstab oder im Standmixer grob pürieren, anschließend in einem kleinen Topf langsam erhitzen und etwas einkochen lassen. Vanille unterrühren. Bis zum Servieren warm halten.

Für die French Pancakes Milch mit Ei, Ahornsirup und Zimt verquirlen. Die Milchbrötchen halbieren und etwas flach drücken. Die Hälften jeweils ca. 1 Minute in der Ei-Milch-Masse einweichen, nach der Hälfte der Zeit wenden. Pflanzenöl in einer Pfanne erhitzen und die eingeweichten Brötchen darin bei geringer Hitze von beiden Seiten goldbraun braten.

Die warmen French Pancakes auf einem Teller stapeln und mit dem Pflaumenkompott anrichten.

TIPP

Die French Pancakes schmecken auch fantastisch mit Blaubeeren oder Apfelscheiben. Einfach nach Lust und Laune variieren.

MAPLE ROASTED VEGGIES & POLENTA

Rustikal und einfach wunderbar! Ein bunter Mix aus frischem Gemüse vom Blech, perfekt geröstet – dazu cremig gerührte Polenta. Einfach und gesund kann so lecker sein.

Für 1 Portion

Für das Ofengemüse:

1 Rote Bete
1 Möhre
1 rote Zwiebel
6 Zweige frischer Thymian
1 EL Olivenöl
Fleur de Sel
frisch gemahlener schwarzer Pfeffer
1 EL Ahornsirup

Für die Polenta:

100 ml Gemüsebrühe
100 ml Milch
40 g Maisgrieß
10 g Parmesan
1 EL Olivenöl
Meersalz
frisch gemahlener schwarzer Pfeffer

Für das Ofengemüse den Backofen auf 250 °C (Ober-/Unterhitze) vorheizen. Rote Bete und Möhre schälen und in Scheiben schneiden. Die Zwiebel schälen und in Spalten schneiden. Thymianblättchen von 4 Zweigen abzupfen und fein hacken. Das Gemüse auf einem Backblech mit gehacktem Thymian, Olivenöl, Fleur de Sel, Pfeffer und Ahornsirup vermengen. Im Ofen ca. 15 Minuten garen, bis das Gemüse schön geröstet ist.

Während das Gemüse gart, für die Polenta die Gemüsebrühe mit der Milch aufkochen und den Maisgrieß mit einem Schneebesen unterrühren. 15–20 Minuten leicht köcheln lassen. Den Parmesan reiben und gemeinsam mit dem Olivenöl unterrühren. Mit Salz und Pfeffer würzen.

Die Polenta in eine Schale füllen und das Gemüse darauf anrichten. Mit den übrigen Thymianzweigen garnieren.

TIPP

Du kannst das Gemüse auch in der Pfanne zubereiten. Im Ofen entfaltet sich das Aroma jedoch noch viel besser und du brauchst nicht so viel Öl.

COZY PORRIDGE MIT ORANGENFILETS

Ein warmer Porridge am Morgen tut so gut und lässt uns gemütlich den Tag beginnen. Besonders, wenn der Geschmack von süßen Datteln, Vanille und saftiger, frischer Orange unsere Sinne erfreut und wir uns beim Auslöffeln ganz heimelig fühlen.

Für 1 Portion
3 getrocknete weiche Datteln, entsteint
1 EL weißes Mandelmus
1 Msp. gemahlene Vanille
1 Prise Meersalz
150 ml Milch
4 EL zarte Haferflocken
½ Orange
½ TL Kakaonibs

Datteln, Mandelmus, Vanille, Salz, Milch und 2 EL Wasser mit einem Pürierstab oder im Standmixer pürieren, bis eine homogene Masse entsteht. Die Masse in einen kleinen Topf geben und bei hoher Temperatur zum Kochen bringen. Die Haferflocken zugeben und mit einem Schneebesen unterrühren. Auf mittlerer Stufe ca. 1 Minute unter Rühren köcheln lassen, dann vom Herd nehmen.

Die halbe Orange mit einem scharfen Messer schälen, dabei auch die weiße Haut entfernen. Anschließend die Orangenfilets an den Innenhäuten entlang abtrennen.

Das Porridge in eine Schale füllen, mit den Orangenfilets anrichten, mit Kakaonibs bestreuen und warm genießen.

TIPP

Zum Cozy Porridge passen auch wunderbar eingelegte Aprikosen oder Mandarinenstücke.

BRATBIRNE MIT HONIG UND ROSMARIN

Saftige Birne, garniert mit Honig – dazu knuspriges Bauernbrot mit zart-würzigem Feta und der Duft von Rosmarin. Ein Gericht für alle, die sich zwischen herzhaft und süß nicht entscheiden können. Der perfekte Snack und eine wunderbare Vorspeise.

Für 1 Portion
1 Birne
2 TL Honig
1 Zweig frischer Rosmarin
2 kleine Scheiben Bauernbrot
10 g Butter
1 Prise Meersalz
25 g Feta

Den Backofen auf 200 °C (Ober-/Unterhitze) vorheizen. Die Birne in Scheiben schneiden, die Kerne mit einem Messer entfernen. Die Birnenscheiben auf ein mit Backpapier ausgelegtes Blech legen und mit Honig beträufeln. Ca. 10 Minuten im Ofen garen.

In der Zwischenzeit die Rosmarinnadeln abzupfen und fein hacken. Brotscheiben mit Butter bestreichen und in einer Pfanne bei mittlerer Hitze von beiden Seiten rösten. Herausnehmen und mit Meersalz bestreuen. Den Feta über die gerösteten Brotscheiben bröseln und mit den Birnen belegen. Auf einem Teller anrichten, mit Rosmarin bestreuen und alles zusammen genießen.

TIPP

Die Bratbirne schmeckt auch toll ohne Brot oder zu einem winterlichen Salat.

ADVENT

ES TREIBT DER WIND IM WINTERWALDE
DIE FLOCKENHERDE WIE EIN HIRT,
UND MANCHE TANNE AHNT WIE BALDE
SIE FROMM UND LICHTERHEILIG WIRD.
UND LAUSCHT HINAUS. DEN WEIẞEN WEGEN
STRECKT SIE DIE ZWEIGE HIN – BEREIT,
UND WEHRT DEM WIND UND WÄCHST ENTGEGEN
DER EINEN NACHT DER HERRLICHKEIT.

(RAINER MARIA RILKE)

Hot Fudge
15oz
- EST 2014 -

WINTERSALAT MIT HONIGNÜSSEN

Schnell gemacht und so gesund! Knackig-leichte Salatblätter treffen auf Knuspernüsse und fruchtige Säure. Ein Wintergedicht für alle Salatfans und ein idealer Ausgleich zu den oft schweren Dezember-Gerichten.

Für 1 Portion
Für die Honignüsse:
25 g Cashewkerne
25 g Walnüsse
25 g Haselnüsse
1 EL Honig
Meersalz

Für den Salat:
40 g Feldsalat
30 g Radicchio
½ Apfel
1 Mandarine

Für das Dressing:
1 EL Cranberrysaft
1 TL Honig
1 EL Olivenöl
1 TL Senf
Meersalz
frisch gemahlener schwarzer Pfeffer

Die Nüsse in einer heißen Pfanne leicht anrösten. Honig zugeben und immer wieder umrühren, sodass er sich gleichmäßig um die Walnüsse legt. Aufpassen, dass der Honig nicht anbrennt. Mit etwas Meersalz würzen. Pfanne nach ca. 1 Minute vom Herd nehmen, die Nüsse auf einen Teller geben und kurz im Kühlschrank abkühlen lassen.

Feldsalat und Radicchio putzen, Radicchio in feine Streifen schneiden. Den halben Apfel entkernen und in Scheiben schneiden. Die Mandarine schälen und die Hälfte in Stücke teilen. Alles gemeinsam in eine Schüssel geben.

Für das Dressing alle Zutaten verquirlen und mit Salz und Pfeffer würzen.

Den Salat vorsichtig mit dem Dressing vermengen und mit den Honignüssen anrichten.

TIPP

Die Honignüsse sind auch ein toller Snack für einen gemütlichen Winterabend auf der Couch.

GRÜNKOHL-FLAMMKUCHEN MIT SALAMI ODER RÄUCHERTOFU

Hmmm, ein leckerer, krosser Flammkuchen mit frischen Grünkohlblättchen, herrlich dampfend aus dem Ofen. Am besten schmeckt er ohne Besteck direkt vom Holzbrett.

Für 1 Flammkuchen
Für den Teig (oder Flammkuchenteig aus dem Kühlregal verwenden):
50 g Mehl
1 EL Olivenöl
1 Eigelb
½ TL Meersalz

Für den Belag:
50 g Salami am Stück oder Räuchertofu
1 EL Pflanzenöl bei Bedarf
1 Handvoll junge Grünkohlblätter
1 kleine rote Zwiebel
100 g Crème fraîche
Meersalz
frisch gemahlener schwarzer Pfeffer

Den Backofen auf 200 °C (Ober-/Unterhitze) vorheizen. Für den Teig Mehl, Öl, 25 ml warmes Wasser, Eigelb und Salz von Hand oder mit den Knethaken eines Handrührgeräts zu einem geschmeidigen, nicht mehr klebenden Teig verarbeiten, bei Bedarf noch etwas Mehl zufügen. Anschließend auf einem Backpapier 2–3 mm dünn aus-rollen, dann mit dem Papier auf ein Backblech ziehen.

Salami bzw. Räuchertofu in Würfel schneiden. Räuchertofu in einer Pfanne in Pflanzenöl kurz anrösten. Grünkohl putzen und in Streifen schneiden. Zwiebel schälen und in feine Ringe schneiden. Crème fraîche mit Salz und Pfeffer würzen und auf den Teig streichen. Flammkuchen mit Grünkohl und Zwiebelringen belegen, die Salami- bzw. Tofuwürfel darüberstreuen.

Das Blech in den Ofen schieben und den Flammkuchen 15–20 Minuten backen, bis der Rand schön braun ist. Herausnehmen und auf einem großen Brett in Stücke schneiden. Heiß servieren.

TIPP

Variiere den Flammkuchen nach Belieben mit deinen Lieblings-Winter-Zutaten. Getrocknete Früchte, in kleine Stücke geschnitten, schmecken toll auf einem weihnachtlichen Flammkuchen.

MANDELMILCHKAFFEE MIT ZIMT

Ein zarter, weihnachtlicher Kaffeeduft nach Mandel und Zimt strömt aus dem heißen Becher und erwärmt Hände und Seele. So kann ein Morgen im Advent beginnen.

Für 1 Portion
50 g Mandeln
½ TL Zimt plus etwas zum Garnieren
1 Prise Meersalz
2 getrocknete Datteln, entkernt
Kaffeepulver für 1 Espresso

Die Mandeln mit Wasser bedecken und 1–2 Stunden einweichen. Anschließend das Wasser abgießen und die eingeweichten Mandeln mit 300 ml frischem Wasser mit einem Pürierstab oder in einem Standmixer fein pürieren. Zimt, Salz und Datteln zugeben und untermixen. Ein Sieb mit einem Nussmilchbeutel oder einem Küchentuch auslegen, die Flüssigkeit hineingießen und die geklärte Mandelmilch auffangen.

Espresso nach Belieben zubereiten. (Wir verwenden einen klassischen italienischen Espressokocher, aber auch andere Methoden sind geeignet.)

Mandelmilch erwärmen, mit einem Milchaufschäumer leicht aufschäumen und in eine Tasse gießen. Den Espresso zugeben und den Mandelmilchkaffee mit etwas Zimt garnieren.

TIPP

Du kannst natürlich auch fertige Mandelmilch nehmen. Aber du wirst den Unterschied schmecken – selbstgemachte Mandelmilch kann süchtig machen.

SEI LIEB ZU DIR!
LASS DEINE SEELE BAUMELN,
SUMME WEIHNACHTSLIEDER
UND GENIEẞE DIE ZEIT
MIT ALLEN SINNEN.
KOSTBARE MOMENTE
SIND STILL UND WUNDERVOLL.

ROTKOHL-KARTOFFEL-SUPPE

Hier kommt Farbe auf den Teller: Der Weihnachtsklassiker Rotkohl einmal in anderer Form – eine vertraut duftende und wunderbar wärmende Suppe für kalte Tage.

Für 1 Portion
1 Zwiebel
½ Knoblauchzehe
1 Kartoffel
100 g Rotkohl
2 EL Öl
½ EL Balsamicoessig plus etwas zum Abschmecken
300 ml Gemüsebrühe
1 TL Pistazien, geschält
Meersalz
frisch gemahlener schwarzer Pfeffer
2 TL Honig
1 TL weißes Mandelmus

Zwiebel und Knoblauch schälen und würfeln. Kartoffel und Rotkohl putzen und beides würfeln. Öl in einem Topf bei niedriger Temperatur erhitzen und die Zwiebel- und Knoblauchwürfel darin andünsten. Kartoffel und Rotkohl zufügen und mitdünsten. Mit Balsamicoessig ablöschen, Brühe angießen und die Suppe 15 Minuten bei geringer Hitze kochen lassen.

Die Pistazien hacken. Die Suppe mit einem Pürierstab oder im Standmixer pürieren. Dann mit Salz, Pfeffer, Honig und bei Bedarf weiterem Balsamicoessig abschmecken und in einer Schale anrichten. Mit Mandelmus und Pistazien garnieren.

TIPP

Wenn du anstelle des Honigs Agavendicksaft, Ahornsirup oder Zucker verwendest, werden auch Veganer mit diesem Süppchen froh.

HOT WINTER SMOOTHIE

Keine Chance dem Winterblues. Ein wärmender Smoothie mit gesunden Zutaten erhellt Schluck für Schluck die schweren Gemüter und lässt uns gelassen auf das gemütliche Sofa gleiten.

Für 1 Portion
100 ml Hafermilch
1 Banane
2 TL Haselnussmus
1 EL ungesüßtes Kakaopulver
1 TL Leinsamen
1 Prise Meersalz
50 ml Kokosmilch
½ TL Johannisbrotkernmehl
1 Prise gemahlene Vanille
1 Prise Rohrohrzucker
Schokoraspeln zum Garnieren

Die Hafermilch in einem kleinen Topf erhitzen. Die Banane mit Haselnussmus, Kakaopulver, Leinsamen und Salz in einen Standmixer geben. Die heiße Hafermilch dazugießen und alles zusammen pürieren. Zurück in den Topf geben und bei geringer Hitze warm halten.

Kokosmilch, Johannisbrotkernmehl, Vanille und Rohrohrzucker in ein hohes, schmales Gefäß geben. Mit einem Pürierstab so lange aufschlagen, bis die Kokosmilch steif wird und die Konsistenz geschlagener Sahne annimmt. (Das kann mehrere Minuten dauern.)

Die heiße Bananenmilch in eine Tasse füllen, mit der Kokossahne toppen und mit Schokoraspeln bestreuen.

TIPP

Wenn du die Menge des Johannisbrotkernmehls verdoppelst und alles zusammen in den Mixer gibst, bekommst du einen fabelhaften Schokopudding.

DEZEMBERTRÄUME

EINS
ZWEI
DREI
VIER

ADVENTSKERZEN

Puristisch schön und schnell gemacht: Für eine weihnachtliche Stimmung braucht es oft gar nicht viel. Und wer sagt denn, dass es immer ein Kranz sein muss? Schöne Flaschen sind die perfekten Kerzenständer, ein individueller Inhalt macht sie vielfältig und spannend.

4 Flaschen
Etikettendrucker oder Glas-Marker
4 Zweige wie Eukalyptus, Ilex oder Fichte
4 Kerzen

Mit dem Etikettendrucker 4 Etiketten drucken: „eins", „zwei", „drei" und „vier" und auf die Flaschen kleben. Alternativ die Zahlen mit einem Glas-Marker auf die Flaschen schreiben. Weiß sieht besonders schön und dezent aus.

Die Flaschen mit Wasser füllen und jeweils 1 Zweig in die Flaschen geben, sodass sie völlig vom Wasser bedeckt sind.

Dann die Kerzen in die Flaschen stecken. Hierfür gegebenenfalls ein kleines Messer zu Hilfe nehmen, mit dem die Kerzen etwas in Form geschnitzt werden, damit sie in die Flaschenhälse passen.

TÜRKRANZ

Fast schon meditativ ist das Binden eines Adventskranzes: Musik einschalten, dazu einen warmen Tee genießen und den Geruch der immergrünen Zweige einatmen. Was wir zudem noch benötigen ist Platz, Ruhe und eine kleine Auswahl an Materialien. Schalte den Kopf aus und werde kreativ! Das Ergebnis wird dich stolz machen.

1 Bund Eukalyptuszweige
2 Bund Tannengrün (geeignet sind Weißtanne, Nordmanntanne, Nikko-Tanne, gemeine Fichte, Stechfichte, Blautanne, Lebensbaum, Scheinzypresse …)
grüner Basteldraht
1 Strohkranz
natürliche Dekoelemente wie Tannenzapfen, Stacheldrahtpflanze/Gitterkraut
evtl. Heißklebepistole

Die Zweige auf etwa gleiche Länge schneiden und in greifbarer Nähe sortiert zusammenlegen. Nun den Anfang des Drahtes in das Stroh stecken und den Kranz einmal umwickeln, damit der Draht Halt bekommt. Jetzt nach und nach die Zweige rundum in einer Art Schuppenmuster mit dem Draht an den Kranz binden. Wichtig: Den Draht nicht abschneiden, sondern am Stück um den Kranz wickeln.

Als untere Basis eignen sich dichte Tannenzweige, um das Stroh gut zu verdecken. Nach oben hin darf es dann lockerer werden. Beim Binden darauf achten, dass der Draht zwischen den Nadeln verschwindet. Ist der Kranz rundum begrünt, den Draht großzügig abschneiden und das Ende tief in das Stroh stecken, sodass er sich nicht lösen kann.

Anschließend einige Dekoelemente anbringen: Diese mit Draht feststecken oder mit einer Heißklebepistole befestigen. Sollte der Kranz nicht füllig genug sein, einfach noch weitere kleine Äste hineinstecken oder die eine oder andere Stelle etwas lockern.

TIPP

Viele schöne und natürliche Dekoelemente lassen sich bei einem Waldspaziergang finden. Augen auf, so entdeckst du den ein oder anderen Schatz.

WEIHNACHTSDUFT

Ein stiller Begleiter einer jeden Weihnachtszeit. Ein zarter Duft, der dem Raum eine schöne Atmosphäre verleiht, ganz ohne chemische Inhaltsstoffe. Eine Wohltat für sich selbst, aber auch als kleines Geschenk zum Advent.

1 Einmachglas mit 600 ml Füllmenge (reicht für einen ca. 20 m^2 großen Raum)
½ Orange
2 Zimtstangen
ca. 10 Nelken
3 Sternanis

Die Orange in Scheiben schneiden und in das Glas legen. Die restlichen Zutaten zugeben, mit kochendem Wasser auffüllen und das Glas sofort verschließen. Ca. 3 Tage gut durchziehen lassen. Auf einen Ofen, eine Heizung oder ein Stövchen platzieren. So kann der Duft verströmen.

TIPP

Gleich mehrere Gläser zubereiten, um auch andere Räume in einen herrlichen Weihnachtsduft tauchen zu können.

KLARHEIT

FÜR DICH

Ein echtes Gespräch, jenseits von WhatsApp und Smalltalk, tiefgehend und ehrlich – wie lang ist das her? Ob in Freundschaften, Familien oder Beziehungen – viel zu selten hören wir einander bewusst zu oder nehmen die anderen wirklich wahr. Stets auf dem Sprung, die Gedanken drei Schritte voraus und mit dem beschäftigt, was als Nächstes ansteht – so verpassen wir uns. Was im Laufe des Jahres zu kurz kam, verdient im Dezember unsere Aufmerksamkeit.

Es gibt nichts Wertvolleres, was wir schenken könnten, als gemeinsam verbrachte Lebenszeit. In welcher Form auch immer: ein lang aufgeschobener Anruf mit aufrichtigen Worten, eine kleine Aufmerksamkeit – handgemacht, mit viel Liebe zum Detail – oder ein gemeinsames Abendessen bis spät in die Nacht, ganz wunderbar, lebendig und echt. Den Menschen, die uns nahestehen, eine Freude zu machen, erwärmt unser Herz. So entstehen Momente, die wir nie vergessen und für die wir ewig dankbar sein werden.

Im Advent können wir diesen wertvollen Begegnungen Raum geben, indem wir uns nicht vom Konsum einnehmen lassen, sondern die Zeit gemeinsam gestalten, einander zuhören und unsere Dankbarkeit zum Ausdruck bringen. Nichts von all dem sollte selbstverständlich sein.

Tut euch gut …

ORANGEN-ZIMT-SIRUP

Jeder Tropfen ein kleiner Traum: ein fruchtig-süßer Sirup, der alles ein bisschen leckerer macht. Perfekt als Aroma in Heißgetränken, als Dessertsoße, Brotaufstrich und vieles mehr. In heißer Milch ist er der perfekte abendliche Winter-Schlummertrunk!

Für 1 kleine Flasche (ca. 200 ml)
1 Orange (oder 100 ml Orangensaft)
200 g Rohrohrzucker
3 TL Zimt

Die Orange auspressen und den Saft in einen Messbecher geben. Mit Leitungswasser auf 200 ml auffüllen. Die Flüssigkeit durch ein Sieb in einen kleinen Topf gießen. Rohrohrzucker und Zimt mit einem Schneebesen einrühren. Aufkochen und 8–10 Minuten bei geringer Hitze köcheln lassen.

Den fertigen Sirup in eine kleine, saubere Flasche füllen und auskühlen lassen. Danach verschließen.

Dunkel und kühl gelagert hält sich der Sirup mindestens 2 Monate.

TIPP

Als kleines Extra kannst du noch die Verwendungsmöglichkeiten des Sirups auf ein Kärtchen schreiben – z. B. dass er köstlich im Kaffee, über Pancakes oder in einem weihnachtlichen Cocktail schmeckt – und an die Flasche binden.

WEIßE ZIMT-MANDEL-KNUSPERLIS

Ein harmonisches Duo aus duftendem Zimt und weißer Schokolade. Wer die Knusperlis verschenken möchte, sollte lieber auch eine große Portion für sich selbst vorbereiten. Es könnte passieren, dass sie sonst nicht vollständig bei den Beschenkten ankommen ...

Für ca. 20 Stück
100 g Mandelstifte
200 g weiße Kuvertüre
4 EL gepuffte Quinoa
½ TL Zimt
1 Prise Meersalz

Die Mandelstifte in einer Pfanne bei mittlerer Hitze rösten. Die Kuvertüre über einem Wasserbad bei geringer Hitze schmelzen.

Gepuffte Quinoa und Mandelstifte mit Zimt und Salz vermengen. Dann alles zur Kuvertüre geben und unterrühren. Mit einem Teelöffel kleine Häufchen der Schoko-Mandel-Masse auf ein ausgebreitetes Backpapier setzen und vollständig auskühlen lassen.

Knusperlis in schöne kleine Schachteln oder eine Keksdose füllen. Verschlossen halten sie sich 1–2 Monate.

TIPP

Hier sind der Kreativität keine Grenzen gesetzt. Misch andere Nüsse oder Kerne mit den übrigen Zutaten und kreier so dein ganz eigenes Knusperli-Rezept.

PEANUT BRITTLE

Ein knusprig-süßer Nuss-Genuss für alle Zuckermäuler und Krokant-verliebten. Zwischen Tee und Kaffee der perfekt platzierte Star auf dem Nachmittagstisch und eine wunderbare Alternative zu Plätzchen.

Für ca. 12 Stück
250 g ungesalzene Erdnüsse
4 EL Ahornsirup (ca. 60 ml)
200 g Zucker
1 EL Butter
1 Msp. Backpulver
Fleur de Sel

Die Erdnüsse grob hacken und in einer Pfanne bei hoher Hitze anrösten, bis sie leicht gebräunt sind. Anschließend aus der Pfanne nehmen.

Die Temperatur reduzieren und Ahornsirup, Zucker, Butter und 4 EL Wasser (ca. 60 ml) bei mittlerer Hitze in der Pfanne verrühren, bis eine cremige Masse entsteht. Nicht mehr rühren, sobald sie zu kochen beginnt. 5–8 Minuten köcheln lassen, bis die Masse bräunlich wird. Dann die Erdnüsse zugeben und kurz in der Pfanne schwenken, sodass sie mit der geschmolzenen Masse bedeckt sind. Anschließend das Backpulver zufügen und mit einem Holzlöffel so lange rühren, bis die Masse fester zu werden beginnt.

Vorsichtig auf ein ausgebreitetes Backpapier gießen und mit dem Holzlöffel verstreichen. Mit Fleur de Sel bestreuen und vollständig auskühlen lassen. Sobald die Masse kalt und hart geworden ist, in Stücke brechen und verpacken.

In einer Dose oder einem Glas gut verschlossen, dunkel und trocken gelagert halten sich die Brittles 1–2 Monate.

TIPP

Für das Brittle kannst du auch wunderbar alle Nüssen verwenden, die du gerade im Haus hast oder dir besonders gut schmecken.

KÜRBIS-APRIKOSEN-CHUTNEY

Dieses Chutney macht süchtig! Wer seinen Lieben eine besondere Aufmerksamkeit schenken möchte, ist mit diesem Rezept bestens gewappnet. Zusammen mit aromatischem Käse und knusprigen Crackern lässt das Chutney die Beschenkten auf Wolken schweben.

Für 1 Glas (ca. 200 ml)
125 g Kürbisfruchtfleisch (ohne Schale und Kerne)
¼ Zwiebel
25 g getrocknete Aprikosen
ca. 2 cm Ingwer
25 g Sultaninen
40 g brauner Zucker
75 ml Weißweinessig

Das Kürbisfruchtfleisch würfeln. Das Zwiebelviertel schälen und fein hacken. Die Aprikosen in kleine Stücke schneiden. Den Ingwer schälen und fein reiben.

Alle Zutaten in einem Topf erhitzen und 1–1 ½ Stunden auf kleiner Stufe köcheln lassen, bis der Kürbis weich und fast die gesamte Flüssigkeit verdunstet ist. Das heiße Chutney sofort in ein Glas füllen und dieses fest verschließen. So hält es sich mindestens 3 Monate.

TIPP

Auch hier kannst du ein kleines Etikett mit Verwendungsmöglichkeiten an das Glas kleben. Das wird die Beschenkten noch mehr freuen.

SNOW BITES

Im Advent gesund naschen? Klar geht das! Ein Biss in die weichen, kleinen Schneekügelchen verzaubert die Sinne ganz ohne Zucker. Das ideale Mitbringsel für alle, die auch im Advent ein wenig auf die Linie achten möchten.

Für ca. 12 Kugeln
50 g zarte Haferflocken
100 g Cashewkerne
3 EL Agavendicksaft
1 Msp. gemahlene Vanille
1 Prise Meersalz
4 EL Kokosflocken

Haferflocken und Cashewkerne in einen Standmixer geben und so lange zerkleinern, bis eine Art Mehl entstanden ist. Agavendicksaft, Vanille, Salz und 1 EL Wasser zugeben und erneut kurz mixen.

Den Teig in eine Schüssel geben, mit 2 EL Kokosflocken vermengen und zu kleinen Kugeln formen. Anschließend in den übrigen Kokosflocken wälzen.

In einer Dose oder einem Glas im Kühlschrank gelagert halten sich die Snow Bites ca. 1 Woche.

TIPP

Anstelle der Cashews kannst du natürlich auch andere Nüsse verwenden.

NÄCHSTEN-
LIEBE

GLÜCK IST KOSTBAR UND WÄCHST,
WENN MAN ES TEILT.
HELFEN WIR DEM GLÜCK DABEI,
SICH AUSZUBREITEN,
HERZEN ZU WÄRMEN UND
HARMONIE ZU ERSCHAFFEN.
MIT KLEINEN GESTEN
UND HELFENDEN HÄNDEN.

SCHOKO-SCHOKO-KEKSE

Was darf zur Weihnachtszeit niemals fehlen? Richtig – Schokolade, in schwarz und weiß! Diese hübschen kleinen Cookies verzaubern jeden Schokoliebhaber.

Für ca. 20 Kekse
100 g kalte Butter
100 g Rohrohzucker
½ TL gemahlene Vanille
150 g Dinkelmehl plus etwas für die Arbeitsfläche
½ TL Backpulver
30 g ungesüßtes Kakaopulver
50 g gemahlene Mandeln
2 Eier
50 g weiße Kuvertüre

Den Backofen auf 175 °C (Ober-/Unterhitze) vorheizen. Die Butter in Stücke schneiden. Rohrohrzucker, Vanille, Mehl, Back- und Kakaopulver, gemahlene Mandeln, Eier und Butter mit den Knethaken eines Handrührgeräts schnell zu einem glatten Teig verkneten. Auf der bemehlten Arbeitsfläche 5 mm dick ausrollen. Formen nach Wunsch ausstechen und die Kekse auf ein mit Backpapier ausgelegtes Blech legen. Im heißen Ofen ca. 12 Minuten backen, anschließend auf einem Gitter vollständig auskühlen lassen.

Die Kuvertüre hacken, über einem Wasserbad schmelzen und in einen Spritzbeutel mit schmaler Tülle füllen. Die Kekse nach Wunsch mit der Kuvertüre verzieren.

In einer Keksdose halten sich die Schoko-Schoko-Kekse ca. 3 Monate. Wichtig ist, dass sie trocken und gut verschlossen gelagert werden. Aber sehr wahrscheinlich sind sie bis spätestens Weihnachten alle aufgegessen!

TIPP

Wenn du keinen Spritzbeutel zur Hand hast, einfach eine Ecke eines Gefrierbeutels abschneiden (der Durchmesser des Loches soll ca. 3 mm betragen) und diesen als Spritzbeutel verwenden.

THE GRINCH COOKIES

Was serviert man einem Weihnachtsmuffel wie dem Grinch?
Wir hätten da was: Lecker-weiche Cookies - dank Matcha grinchgrün.
Eine spannende Variante der klassischen Chocolate Chip Cookies
mit herrlich softem Biss.

Für ca. 15 Cookies
125 g weiche Butter
130 g Vollrohrzucker
1 Ei
½ TL gemahlene Vanille
140 g Weizenmehl
2 TL Matchapulver
½ TL Natron
½ TL Meersalz
150 g Vollmilchschokolade

Den Backofen auf 190 °C (Umluft) vorheizen. Die Butter in einer Schüssel mit dem Vollrohrzucker 3 Minuten mit dem Schneebesen oder Handrührgerät schaumig rühren. Das Ei und die gemahlene Vanille zugeben und weitere 3 Minuten schaumig schlagen.

Mehl, Matchapulver, Natron und Salz gemeinsam über die Eimasse sieben und mit einem Teigschaber unterheben. Die Schokolade grob hacken und ebenfalls unter den Teig heben.

Kleine Häufchen aus je ca. 2 EL Teig auf ein mit Backpapier ausgelegtes Blech setzen (nicht flach drücken). 7–10 Minuten backen, bis die Ränder leicht gebräunt sind. Anschließend aus dem Ofen nehmen, einige Minuten auf dem Blech abkühlen lassen (sie sind nach dem Backen noch sehr weich), erst dann auf ein Kuchengitter legen und vollständig auskühlen lassen.

In einer Keksdose oder in einem Glas gut verschlossen, trocken und kühl gelagert halten sich die Cookies 2–3 Monate.

TIPP

Die Cookies schmecken auch wunderbar mit weißer Schokolade und Macadamianüssen.

RÖST-KÜRBISKERNE

Ja, es gibt sie - jene Menschen, denen man mit süßen Leckereien keine Freude machen kann. An diese sei selbstverständlich auch gedacht: Eine handgemachte Salz-Knabberei, ideal für Filmabende, an denen wir uns auf dem Sofa in die Decke kuscheln.

Für 1 kleine Geschenktüte
250 g Kürbiskerne
2 TL Rohrohrzucker
2 TL Meersalz
½ TL Knoblauchpulver
¼ TL edelsüßes Paprikapulver
1 Prise frisch gemahlener schwarzer Pfeffer
2 TL Kokosöl

Den Backofen auf 150 °C (Ober-/Unterhitze) vorheizen. Die Kürbiskerne auf einem mit Backpapier ausgelegten Blech verteilen und ca. 5 Minuten im Ofen rösten, bis sie knacken.

Zucker, Gewürze und Kokosöl zu einer Paste verrühren, über die gerösteten Kürbiskerne geben und alles miteinander vermengen. Weitere 5–10 Minuten rösten. In eine Schale füllen und auskühlen lassen.

Bei einer Lagerung in einem geschlossenem Gefäß, z. B. in einem schönen Einmachglas, halten sich die Röstkürbiskerne 1–2 Monate.

TIPP

Bei den Röstkürbiskernen kannst du wieder selbst kreativ werden und alle Gewürzmischungen, die du besonders magst, verwenden. Curry harmoniert zum Beispiel fabelhaft mit Kürbiskernen.

AUFMERKSAMKEIT UND WERTSCHÄTZUNG – OFT SIND ES DIE KLEINEN DINGE, DIE GROßE BEDEUTUNG HABEN UND UNS VERBINDEN.

GINGERBREAD CHRISTMASTREE

Lebkuchen - das Traditionsgebäck zur Weihnachtszeit erlaubt uns, richtig kreativ zu werden. Am Ende ist er so schön, dass man ihn nicht verputzen mag ... doch das sollte man - es lohnt sich!

Für 1 gebackenen Weihnachtsbaum
Für den Teig:
125 g Honig
50 g Rohrohrzucker
65 g Butter
250 g Weizenmehl plus etwas für die Arbeitsfläche
½ TL Backpulver
1 Pck. Lebkuchengewürz (oder die entsprechende Menge selbst gemachte Gewürzmischung, siehe Tipp)
1 EL ungesüßtes Kakaopulver
1 Ei

Für die Glasur:
100 g Puderzucker

Für den Teig Honig, Rohrohrzucker und Butter in einem kleinen Topf kurz aufkochen. Mehl, Backpulver, Lebkuchengewürz und Kakao in einer Rührschüssel vermengen. Honigmischung, Mehlmischung, Ei und 2 EL Wasser mit den Knethaken eines Handrührgeräts zu einem glatten Teig verkneten. Sollte der Teig zu hart sein, noch etwas Wasser zufügen. 2 Stunden in Klarsichtfolie gewickelt im Kühlschrank ruhen lassen.

Den Backofen auf 180 °C (Ober-/Unterhitze) vorheizen. Den Teig auf einer bemehlten Arbeitsfläche 5 mm dick ausrollen und mit einem Messer einen Weihnachtsbaum ausschneiden. Den übriggebliebenen Teig nach Belieben formen. Baum und übrige Ornamente auf ein mit Backpapier ausgelegtes Blech legen und ca. 15 Minuten backen. Aus dem Ofen nehmen und auf einem Gitter auskühlen lassen.

Für die Glasur Puderzucker und 2–3 EL Wasser mit einem Schneebesen glatt rühren. Sollten noch Klumpen zu sehen sein, etwas mehr Wasser unterrühren. Den abgekühlten Lebkuchen-Baum und die übrigen Kekse nach Belieben mit der Zuckerglasur verzieren.

TIPP

Für das Lebkuchengewürz *35 g Zimt, 9 g gemahlene Nelken, 2 g gemahlener Koriander, 2 g gemahlener Piment, 2 g Ingwerpulver, 2 g gemahlener Kardamom* und *2 g gemahlene Muskatblüte* miteinander vermengen. Dunkel und trocken aufbewahrt hält sich die Gewürzmischung mindestens 1 Jahr.

GEBRANNTE KURKUMA-WALNÜSSE

Blinkende Lichter und warme gebrannte Mandeln – es hat doch jedes Mal seinen ganz eigenen Charme, über einen Weihnachtsmarkt zu schlendern. Wer darauf keine Lust hat, macht es sich eben zu Hause gemütlich und muss dabei nicht auf seinen süßen Snack verzichten. Frisch geröstet und mit einer zarten Kurkumanote werden nicht nur Walnüsse besonders schmackhaft.

Für 1 kleine Geschenktüte
200 g Zucker
½ TL gemahlene Vanille
1 Prise Meersalz
1 Msp. gemahlene Kurkuma
200 g Walnüsse

Zucker, Vanille, Salz und Kurkuma in eine Pfanne geben, anschließend 100 ml Wasser angießen und alles miteinander vermengen. Ohne Rühren zum Köcheln bringen. Die Walnüsse zugeben und nun unter ständigem Rühren bei hoher Hitze weiterkochen, bis die Flüssigkeit verdunstet ist. Dann die Temperatur reduzieren und so lange rühren, bis der Zucker wieder fest wird.

Die karamellisierten Nüsse auf einem mit Backpapier ausgelegten Blech verteilen und abkühlen lassen.

Gut verschlossen und trocken gelagert halten sich die gebrannten Kurkuma-Walnüsse 1–2 Monate.

TIPP

Wenn dir der Geschmack von Kurkuma zu ausgefallen ist, kannst du stattdessen auch etwas Zimt verwenden.

BESINNLICHKEIT IST
EIN BEDEUTENDES WORT IM ADVENT.
ES IST AN DER ZEIT,
SICH WIEDER ZU BESINNEN,
DIE SICHT AUF DIE DINGE ZU VERÄNDERN,
UM DAS GROßE GLÜCK
IM KLEINEN ZU ERKENNEN.

GESCHENKE VERPACKEN

Alle Jahre wieder - das ewige Verpacken. Die einen machen es von Herzen gern, die anderen sind froh, wenn es beim Kauf einen Service dafür gibt. Leider sind viele Geschenkpapiere alles andere als nachhaltig. Und dadurch, dass die meisten Geschenke aufgerissen und das Papier direkt weggeworfen wird, sollte man sich über die Nachhaltigkeit ruhig einmal Gedanken machen.
Eine Möglichkeit ist es, die Geschenke in schöne Tücher zu wickeln, welche die Beschenkten als kleines Extra dazubekommen.
Eine alternative Papierverpackung findest du hier:

schwarzes ökologisches handgeschöpftes oder Naturpapier (gibt es online oder im Bastelgeschäft)
Klebestreifen oder Kleber
helles Naturband
Zypressenzweige
Pinsel
weiße Bastelfarbe

Verpacke dein Geschenk möglichst schön mit Naturpapier.

Lege nun ungefähr gleich große Zweige sternförmig nebeneinander auf das Geschenk. Fixieren kannst du sie mit einem Stück Klebeband oder Kleber. Sind alle Zweige an ihrem Platz, wird das Geschenk mit Farbe besprenkelt. Hierzu den Pinsel in die weiße Farbe tauchen, einen Finger waagerecht über dem Geschenk ausstrecken und mit dem Pinsel kurz unter den Borsten von oben daraufklopfen, sodass die Farbe in Punkten auf das Geschenk spritzt. Teste dies am besten vorab einige Male auf einem neutralen Blatt Papier, bis du ein Gefühl dafür bekommst. Die Farbe anschließend unbedingt gut trocknen lassen.

Erst dann das Geschenk mit dem Naturgarn mehrere Male auf Höhe der Zweige umwickeln und hinten mit einem kleinen Knoten verschließen. Anschließend lassen sich wunderbar Fotos oder Postkarten darunterschieben.

frohes Fest
frohes Fest

AQUARELL-WEIHNACHTSKARTEN

Individuelle Grußkarten für alle Anlässe? Kein Problem, wenn man sie selbst malt. Das macht nicht nur Spaß, die Karten sind auch etwas ganz Besonderes. Auch wenn du denkst, du hast kein Talent – probiere es unbedingt aus.

Bleistift (fein)
Radiergummi
Aquarellpapier A5
kleine Pinsel
1 Glas mit Wasser
Aquarellfarben in Grüntönen und Weiß
Mischpalette
dunkelgrüner oder schwarzer Fineliner (0.05)

Zeichne einen Tannenbaum mit feinem Bleistift auf dem Aquarellpapier vor. Lasse dich dabei von schönen Fotos inspirieren.

Feuchte anschließend die Fläche, die du bemalen möchtest, vorsichtig mit ein wenig Wasser an. Nimm nun mit dem Pinsel etwas Wasser auf und mische dir aus den Farben deinen gewünschten Grünton auf der Mischpalette zurecht. Fahre zunächst mit feinen Strichen am Rand des Baumes entlang, sodass die Farbe nach innen ausläuft. Streiche danach mit Wasser in sanften Bewegungen über die Füllflächen, um die Farbe zu verteilen. Achte darauf, nicht zu viel Wasser aufzunehmen, damit die Bewegung der Farbe kontrollierbar bleibt.

Für die einzelnen Äste nun mit ein wenig aufgenommener Farbe Linien in tupfenden Bewegungen einfügen. Das Bild anschließend trocknen lassen.

TIPP

Wer möchte, kann seinem Bild nun noch mit Highlights den Feinschliff geben: Dafür die oberen Ränder der einzelnen Äste mit weißer Farbe betupfen. Mit einem Fineliner kannst du nun auch den Text deiner Wahl in Schönschrift einfügen.

4ER-ADVENTS-KALENDER

Für eine liebe Person einen Adventskalender zu basteln hat Tradition. Wir finden, dass er nicht unbedingt jeden einzelnen Tag im Advent bedienen muss: Bei nur vier Geschenken fällt es gleich viel leichter, sich kleine Besonderheiten auszudenken. Ein Säckchen an jedem Adventssonntag – gefüllt mit je einer kleinen Überraschung, die feierlich gemeinsam enthüllt wird.

1 Ast (z. B. Birke)
Paketband (z. B. schwarz oder schwarz-weiß)
2 Nägel
Hammer
naturfarbener Jutestoff (z. B. aus Kaffeesäcken; diese könnt ihr bei einem Kaffeeröster in eurer Nähe bekommen. Fragt einfach einmal nach!)
Schere
schwarze Pappe
Locher
weißer Permanent-Marker
Zweige, Sterne etc. für die Deko

An den Enden des Astes zwei ca. 10 cm lange Stücke Paketband festbinden. Die Enden der Bänder jeweils zu einer Schlaufe binden und mit den Nägeln an der Wand befestigen.

Den Stoff in vier rundliche Stücke schneiden, dabei die Größen an das jeweilige Geschenk anpassen. Die Geschenke in die passenden Stoffstücke wickeln und mit dem Paketband verschließen. Die schwarze Pappe in vier Kreise schneiden und mit dem Locher jeweils ein Loch stanzen. Mit dem Marker 1, 2, 3 und 4 auf die Pappe schreiben und diese mit dem Paketband an den Geschenkbeuteln befestigen.

Die Stoffbeutel nun mit Paketband an den Ast binden. Anschließend noch verzieren (z. B. mit Sternen aus Holz oder Papier). Wir haben zusätzlich eine Girlande aus Paketband und Fichtenzweigen gebastelt. Seid kreativ!

TIPP

Anstelle des Jutestoffes kannst du auch alte Kleidungsstücke oder Tücher verwenden und diese so ganz einfach upcyceln.

2
4
3
1

DANKBAR

FÜR UNS

Weihnachten – das Fest der Familie. Ein Stück heile Welt in der Geborgenheit unserer Lieben. Vertraute Stimmen füllen die Räume und der Duft von Tannenzweigen und Gewürzen macht die Atmosphäre unverwechselbar. Das sind die Tage, an denen wir hin und wieder anhalten, den Moment genießen und festhalten möchten. Die strahlenden Kinderaugen, als würden Märchen wahr, ein unbeschwertes Lachen, der Anblick des geliebten Haustieres, friedlich vor dem warmen Feuer schlummernd. In diesen Momenten fühlen wir das Glück – eine Magie, die sich tief in unseren Herzen verankert und unser Leben mit Erinnerungen füllt. Viel zu selten ist uns bewusst, wie wertvoll diese Augenblicke sind.

Lassen wir all dies nicht von belanglosen Kleinigkeiten stören. Legen wir unser Augenmerk vermehrt auf Harmonie, die entsteht, wenn sich alle mit Respekt begegnen und verziehen werden kann, denn niemand ist perfekt. Im Advent entsteht Raum für Klarheit, Nähe und eine Zuneigung, die uns verbindet. Es ist jedes Jahr aufs Neue eine Chance, zusammenzufinden und die Zeit zur schönsten des Jahres werden zu lassen. Auf dass das kommende in Frieden beginnen möge.

LENTIL SHEPHERD'S PIE MIT SÜSSKARTOFFELN

Ein britischer Klassiker, den wir hier mit herzhaftem Linsengemüse und einer fluffigen Süßkartoffelhaube servieren. Schön heiß aus dem Ofen schmeckt er solo, ist aber auch eine köstliche Beilage.

Für 4 große Portionen
3 Süßkartoffeln (ca. 1 kg)
Meersalz
1 Stange Lauch
1 Zwiebel
2 Möhren
1 Knoblauchzehe
100 g Mais (Dose)
1 EL Pflanzenöl
200 g getrocknete rote Linsen
1 EL Tomatenmark
100 ml Rotwein
1 EL Worcestersoße
300 ml Gemüsebrühe
frisch gemahlener schwarzer Pfeffer
20 g Butter
50 ml Milch

Die Süßkartoffeln schälen, in kleine Würfel schneiden und in Salzwasser ca. 15 Minuten weich kochen.

Währenddessen die Lauchstange gründlich putzen und in feine Ringe schneiden. Zwiebel und Möhren schälen und würfeln. Knoblauch schälen und fein hacken. Mais in einem Sieb abtropfen lassen. Pflanzenöl in einer großen Pfanne bei mittlerer Temperatur erhitzen. Zwiebelwürfel und Knoblauch darin andünsten. Linsen, Möhren, Lauch, Mais und Tomatenmark zugeben und alles zusammen anschwitzen. Mit Rotwein ablöschen, Worcestersoße und Gemüsebrühe angießen und mit Salz und Pfeffer würzen. Aufkochen und 10 Minuten köcheln lassen.

Den Backofen auf 200 °C (Ober-/Unterhitze) vorheizen. Das Wasser von den Süßkartoffeln abgießen, Butter und Milch in den Topf geben. Mit einem Handrührgerät zu Püree verquirlen und mit Salz würzen.

Eine Auflaufform (26 x 20 cm) mit der Linsen-Gemüse-Masse füllen und das Süßkartoffelpüree darauf verteilen. 20 Minuten im Ofen garen, danach die Grillfunktion einschalten und den Pie gratinieren, bis die Oberfläche goldbraun ist.

Pie aus dem Ofen nehmen, in Portionen teilen und servieren.

TIPP

Zum Shepherd's Pie schmeckt ein frischer Feldsalat mit einem fruchtigem Dressing besonders lecker.

WINTER-CHILI-TOPF (CON & SIN CARNE)

Ob mit oder ohne Fleisch – dieses Chili erwärmt nicht nur den Körper, sondern auch die Seele. Zudem lässt es sich wunderbar mehrfach erhitzen und ist damit ideal für Gäste, die zu unterschiedlichen Zeiten eintreffen.

Für 4 Portionen
Für das Chili:
2 Zwiebeln
1 rote Paprikaschote
1 Knoblauchzehe
330 g Mais (Dose)
2 EL Rapsöl
500 g Rinderhackfleisch
frisch gemahlener schwarzer Pfeffer, Meersalz
3 EL Tomatenmark
300 ml Gemüsebrühe
400 g Tomaten in Stücken (Dose)
400 g Kidneybohnen (Dose)
2–3 getrocknete Medjool-Datteln, entkernt
20 g Zartbitterschokolade
1 Prise Zimt
1 TL gemahlener Kreuzkümmel
Chiliflocken

Für das Topping:
1 Avocado
150 g Crème fraîche
Saft einer halben Limette
frisch gemahlener schwarzer Pfeffer, Meersalz
1 Bund Koriander

Zur Vorbereitung für die Sin-Carne-Variante 150 g Soja-Schnetzel in einer Schüssel mit 400 ml heißem Wasser übergießen und mit 1–2 EL Gemüsebrühe würzen. 10 Minuten quellen lassen. Im Rezept dann statt Fleisch verwenden.

Zwiebeln schälen und fein würfeln. Paprika putzen, entkernen und ebenfalls würfeln. Knoblauchzehe schälen und fein hacken. Mais in einem Sieb abtropfen lassen. Öl in einem großen Topf bei hoher Temperatur erhitzen. Das Hackfleisch bzw. die Soja-Schnetzel darin anrösten und mit Salz und Pfeffer würzen. Zwiebel- und Paprikawürfel zugeben und glasig andünsten. Knoblauch und Tomatenmark zugeben und alles gut miteinander vermengen.

Topfinhalt mit Gemüsebrühe und Tomaten ablöschen und gut durchrühren. Den abgetropften Mais und die Bohnen samt Flüssigkeit zugeben und aufkochen lassen. Die Datteln fein hacken und mit der Zartbitterschokolade in den Topf geben. Alles 15 Minuten bei mittlerer Hitze köcheln lassen.

In der Zwischenzeit für das Topping die Avocado halbieren, entkernen und das Fruchtfleisch aus der Schale lösen. Mit Crème fraîche, Limettensaft, Salz und Pfeffer fein pürieren. Koriander grob hacken.

Den Eintopf mit Zimt, Kreuzkümmel und Chiliflocken würzen, mit weiterem Chili, Salz und Pfeffer abschmecken. In Schüsseln anrichten, einen Klecks Avocadocreme daraufgeben und mit Koriander bestreuen.

GRANATAPFEL-GIN-PUNSCH

Glühwein ist zwar ein alljährliches Evergreen, wir jedoch wagen gern einmal etwas anderes. Und so legen wir dir einen fruchtig-frischen Punsch ans Herz, der dich und deine Lieben an kalten Abenden in der Natur wieder aufwärmt und zudem ganz köstlich schmeckt.

Für 4 Portionen
3 Granatäpfel
1 l naturtrüber Apfelsaft
300 ml Ginger Beer (Ingwerlimonade)
1 Bio-Orange
2 Stück Sternanis
3 Zimtstangen
150 ml Gin

Die Granatäpfel halbieren und den Saft mit einer Zitronenpresse aus den Hälften pressen. Granatapfelsaft, Apfelsaft und Ginger Beer in einen großen Topf geben. 3–4 Streifen der Orangenschale mit einem Sparschäler abschälen und zur Flüssigkeit geben. Die Orange anschließend halbieren und den Saft auspressen. Orangensaft, Sternanis und Zimtstangen ebenfalls in den Topf geben. Den Sud ca. 20 Minuten langsam bei geringer Hitze erwärmen. Die Flüssigkeit darf nicht kochen!

Den Sud in Becher füllen und jeweils mit einem guten Schuss Gin auffüllen.

TIPP

Der Punsch lässt sich am besten draußen am Lagerfeuer mit Freunden genießen, wenn es richtig kalt ist.

SAFTIGER MANDEL-KOKOS-KUCHEN

Ein saftig-weicher kleiner Kuchen, aus wenigen Zutaten gezaubert. Wieso nicht spontan einfach Freunde zu Kaffee und Kuchen einladen und mit diesem feinen weihnachtlichen Schmaus aus Mandeln und Kokos verwöhnen?

Für 1 Springform (Ø 18 cm)
4 Eier
150 g Rohrohrzucker
100 g Kokosflocken
200 g gemahlene Mandeln
1 TL Abrieb einer Bio-Zitrone
Butter für die Form
1 EL Puderzucker

Den Backofen auf 180 °C (Ober-/Unterhitze) vorheizen. Die Eier trennen. Eiweiß steif schlagen, die Eigelbe zusammen mit dem Rohrohrzucker schaumig schlagen. Kokosflocken und Mandeln unterrühren, die Zitronenschale zugeben. Das geschlagene Eiweiß unterheben.

Die Springform mit Butter einfetten und mit dem Teig befüllen. 30–40 Minuten im Ofen backen. Mit einem Holzstäbchen testen, ob der Kuchen durchgebacken ist: Bleibt kein Teig am Stäbchen kleben, ist der Kuchen fertig. Dann herausnehmen und etwas abkühlen lassen. Mit Puderzucker bestäuben und servieren.

TIPP

Für ein schönes Muster einen Papier- oder Holzstern verwenden: Den Stern auf den Kuchen legen und mit Puderzucker bestreuen. Dann den Stern wieder entfernen – schon ist ein wunderbares Muster entstanden.

MUSHROOM WELLINGTON MIT KASTANIENCREME

Ein Braten zu Weihnachten mag Tradition haben – für alle, die sich vegan oder vegetarisch ernähren möchten, gibt es eine festliche Alternative: Ein fluffig-krosser Blätterteig aus dem Ofen, gefüllt mit duftenden Pilzen. Dazu eine samtige Kastaniencreme – die perfekte Kombination.

Für 4 Portionen
Für das Wellington:
2 mittelgroße Schalotten
500 g Champignons
2 EL Rapsöl
1 Zweig Rosmarin
1 TL Kokosblütenzucker
Meersalz
frisch gemahlener schwarzer Pfeffer
275 g (veganer) Blätterteig (Kühlregal)
1 kleine Knoblauchzehe
2 EL Senf
2–3 EL (veganer) Frischkäse

Für die Kastaniencreme:
1 große mehligkochende Kartoffel
400 g vorgegarte Esskastanien
Meersalz
150 ml Mandelmilch
50 g (vegane) Butter
1 EL Mandelmus
1 TL Kokosblütenzucker

Den Backofen auf 200 °C (Ober-/Unterhitze) vorheizen. Für das Wellington die Schalotten schälen und würfeln. Die Champignons putzen und in Stücke schneiden. Rapsöl in einer Pfanne erhitzen, die Schalottenwürfel darin glasig andünsten. Pilze und Rosmarinzweig zugeben. Leicht rösten, dann mit Kokosblütenzucker bestreuen, mit Salz und Pfeffer würzen und den Rosmarinzweig entfernen.

Die Blätterteigrolle auf einem Blech ausrollen. Knoblauch schälen, fein hacken und mit Senf und Frischkäse mischen. Frischkäsecreme auf den Teig streichen. Pilze auf einer Hälfte des Teiges verteilen, dabei ca. 1 cm Rand frei lassen. Nun den Rand vorsichtig einfalten und den nicht mit Pilzen belegten Teil über die Füllung schlagen. Die offenen Seitenränder verschließen. Ca. 20 Minuten im Ofen backen.

Für die Creme die Kartoffel schälen und in Stücke schneiden. Kastanien und Kartoffelstücke in einen Topf geben und mit Salzwasser bedecken. Ca. 20 Minuten kochen, bis sich alle Stücke mühelos mit einer Gabel zerdrücken lassen. Das Wasser abgießen, 100 ml Mandelmilch und die Butter zugeben und bei geringer Hitze erwärmen. Sobald die Butter geschmolzen ist, Kartoffel und Kastanien zerstampfen und zu einer Creme verrühren. Die Masse bei geringer Hitze mit weiterer Mandelmilch und dem Mandelmus cremig rühren, anschließend mit Salz und Kokosblütenzucker würzen. Mit einem Stück vom Mushroom-Wellington-Braten auf Tellern anrichten und servieren.

RED VELVET CRANBERRY CAKE

Ein Wow-Kuchen! Diese Festtagstorte lässt Herzen höher schlagen – optisch wie geschmacklich. Mit einem köstlichen Mix aus Sahnecreme und Frucht lässt sie keine Wünsche offen und ist der absolute Eyecatcher zur Weihnachtszeit.

Für 1 Springform (Ø 18 cm)
Für den Teig:
250 g weiche Butter plus etwas für die Form
200 g Rohrohrzucker
1 Prise Meersalz
6 Eier
1 TL gemahlene Vanille
1 ½ EL rote Lebensmittelfarbe
500 g Dinkelmehl
1 Pck. Weinsteinbackpulver
150 ml Milch
50 ml Cranberrysaft (alternativ Milch)

Für das Frosting:
120 g Puderzucker
500 g Frischkäse
200 ml Sahne
100 g getrocknete Cranberrys

evtl. frische Cranberrys und Rosmarin zum Garnieren

Den Backofen auf 160° C (Umluft) vorheizen. Butter mit Rohrohrzucker und Salz schaumig schlagen. Eier und Vanillepulver zugeben und cremig rühren, dann die Lebensmittelfarbe unterrühren. Das Mehl mit dem Backpulver mischen und nach und nach zusammen mit der Milch und dem Cranberrysaft unter die rote Butter-Eier-Creme heben.

Die Springform einfetten und den Teig einfüllen. 1 Stunde auf der untersten Schiene des Ofens backen. Kuchen anschließend vorsichtig aus der Form lösen und auf einem Kuchengitter vollständig auskühlen lassen.

Für das Frosting den Puderzucker in eine Schüssel zum Frischkäse sieben und beides gut vermischen. Die Sahne steif schlagen und unterheben.

Den kalten Kuchen vorsichtig quer halbieren, sodass zwei Böden entstehen. Den unteren Boden mit der Hälfte des Frostings bestreichen. Dann die getrockneten Cranberrys darauf verteilen und den zweiten Boden auflegen. Den Kuchen rundum mit dem restlichen Frosting bestreichen und nach Wunsch mit frischen Cranberrys und Rosmarin garnieren.

TIPP

Du kannst natürlich auch eine andere Lebensmittelfarbe verwenden und z. B. einen Pink Velvet Cake kreieren.

GLÜCK IST
EINE SACHE DER PERSPEKTIVE.
ES KOMMT VOR, DASS WIR DEN BLICK
FÜR DAS WESENTLICHE VERLIEREN.
DANN KÖNNEN WIR DAS ECHTE GLÜCK
NICHT SEHEN, OBWOHL ES UNS UMGIBT.

GRÜNER WINTEREINTOPF MIT PFANNKÜCHLEIN

Ein deftiger Eintopf, der uns wieder zu Kräften bringt. Manchmal gibt's nichts Besseres. Statt Brot servieren wir kleine Pfannkuchen dazu. Beides lässt sich super aufwärmen – so werden garantiert alle satt und zufrieden.

Für 4 Personen
Für den Eintopf:
800 g festkochende Kartoffeln
1 große Zwiebel
2 EL Rapsöl
1 TL Zucker
1 l Gemüsebrühe
2–3 Lorbeerblätter
1 TL getrocknetes Bohnenkraut
500 g grüne Bohnen (TK, aufgetaut)
2 Stängel krause Petersilie
3 EL Weißweinessig
Meersalz
frisch gemahlener schwarzer Pfeffer

Für die Pfannküchlein:
2 Eier
250 g Mehl
200 ml Milch
1 Prise Meersalz
Butter zum Braten

Für den Eintopf die Kartoffeln schälen und in Würfel schneiden. Die Zwiebel schälen und fein würfeln. Rapsöl in einem großen Topf bei mittlerer Temperatur erhitzen und die Zwiebelwürfel darin glasig dünsten, anschließend den Zucker zugeben und leicht karamellisieren. Mit Brühe aufgießen, Kartoffeln, Lorbeerblätter und Bohnenkraut zugeben. Aufkochen und auf mittlerer Stufe ca. 10 Minuten köcheln lassen.

Bohnen schräg in kleine Stücke schneiden. Petersilienblättchen von den Stängeln zupfen, hacken und mit den Bohnen und dem Essig in den Topf geben. Gut umrühren und bei hoher Hitze ca. 15 Minuten fertig garen. Die Lorbeerblätter herausfischen und den Eintopf mit Salz und Pfeffer würzen.

Während der Eintopf gart, für die Pfannküchlein die Eier trennen. Aus Mehl, Milch, Eigelben und Salz einen Teig rühren und 15 Minuten ruhen lassen. Eiweiß zu steifem Schnee schlagen und unterheben. Ein wenig Butter in einer Pfanne erhitzen, etwas Teig mit einer kleinen Schöpfkelle oder einem großen Löffel einfüllen und zerfließen lassen. Sobald die Oberseite nicht mehr flüssig ist, den Pfannkuchen durch leichtes Schütteln der Pfanne vom Boden lösen, dann wenden. Etwas Butter vorsichtig unter den Pfannkuchen schieben und auf der zweiten Seite ebenfalls goldgelb braten. Wiederholen, bis der gesamte Teig aufgebraucht ist. Die fertigen Küchlein auf einem Teller bei ca. 50 °C im Ofen warm halten.

Eintopf in tiefen Schalen anrichten. Pfannküchlein klein schneiden und als Topping oder im Ganzen wie Brot dazu servieren.

APFEL-VOLLKORN-GALETTE

Vollwertig und rustikal, fruchtig und süß, ganz ohne Backform – ein „besserer" Apfelkuchen vielleicht? Aber ganz bestimmt ein verführerischer Hingucker für festliche Sonntagstische.

Für 1 runde Galette
150 g kalte Butter
250 g Dinkelvollkornmehl
50 g Vollrohrzucker plus etwas zum Bestreuen
1 TL Zimt plus etwas zum Bestreuen
1 Prise feines Meersalz
2 Äpfel
Puderzucker zum Bestäuben

20 g der Butter beiseitestellen. Das Mehl zusammen mit der restlichen Butter, 70 ml kaltem Wasser, Zucker, Zimt und Salz mit den Knethaken eines Handrührgeräts zu einem Teig verarbeiten und anschließend in der Schüssel abgedeckt mindestens 1 Stunde zum Ruhen in den Kühlschrank stellen.

Den Backofen auf 180 °C (Ober-/Unterhitze) vorheizen. Die Äpfel halbieren, entkernen und in dünne Spalten schneiden. Den Teig aus dem Kühlschrank nehmen und auf der bemehlten Arbeitsfläche rund und ca. 5 mm dick ausrollen. Dann den Teig vorsichtig auf ein mit Backpapier ausgelegtes Backblech legen. Die Apfelstücke auf dem Teig verteilen, dabei an den Rändern mindestens 3 cm Platz lassen. Den Teigrand umklappen, sodass ein Teil der Äpfel bedeckt ist. Nun noch etwas Zucker und Zimt sowie die übrige Butter in Flöckchen auf der Galette verteilen.

Ca. 40 Minuten im Ofen backen, dann herausnehmen und etwas auskühlen lassen. Nach Belieben mit Puderzucker bestäubt servieren.

TIPP

Ein Klecks Sahne oder Kokossahne macht die Galette noch ein kleines bisschen köstlicher.

WEIHNACHTEN
IST EIN GEFÜHL,
DAS IM HERZEN WOHNT.

OFENROTKOHL MIT PULLED JACKFRUIT

Ein klassisches Rezept mit einem modernen Twist.
Wieso nicht einmal etwas wagen und anstelle von Fleisch
die neuentdeckte Jackfruit schmoren?

Für 4 Portionen
250 g grüne Jackfruit (Dose)
1 TL Paprikapulver (edelsüß)
1 TL frische Thymianblättchen
1 TL frische Oreganoblättchen
2 TL Senf
2 EL Tomatenmark
Meersalz
frisch gemahlener schwarzer Pfeffer
1 Kopf Rotkohl
6 EL Olivenöl
1 Zwiebel
1 Knoblauchzehe
2 EL Rapsöl
5 EL Barbecuesoße
1 Handvoll Babyblattspinat
4 große Scheiben Bauernbrot

Den Backofen auf 220 °C (Ober-/Unterhitze) vorheizen. Die Jackfruit in einem Sieb abtropfen lassen, dann die harten Enden abschneiden und das weiche Fruchtfleisch auseinanderzupfen. Die Fruchtstücke in einer Schüssel mit Paprikapulver, Thymian, Oregano, Senf und Tomatenmark mischen, mit Salz und Pfeffer würzen. Rotkohl putzen und in 8 Spalten schneiden. Jedes Stück mit Olivenöl bepinseln und mit Salz und Pfeffer würzen. Auf einem mit Backpapier ausgelegten Blech verteilen. 40–45 Minuten im Ofen garen.

In der Zwischenzeit Zwiebel und Knoblauchzehe schälen und fein hacken. Öl in einer Pfanne erhitzen und die Zwiebelwürfel darin glasig dünsten. Knoblauch und danach die Jackfruitstücke zugeben und kurz mitbraten. Zuletzt die Barbecuesoße unterrühren. Anschließend auf einem weiteren mit Backpapier ausgelegten Blech verteilen und nach 30 Minuten Garzeit des Rotkohls eine Schiene oberhalb des Kohls in den Ofen schieben. Beides weitere 10–15 Minuten garen.

Den Spinat putzen. Kohl und Jackfruit auf Tellern anrichten und mit dem Spinat garnieren. Mit Bauernbrot servieren.

TIPP

Jackfruit gibt es auch schon halbfertig zubereitet zu kaufen. Schau einfach auf die Verpackung, welches Grundrezept empfohlen wird, und würze es dann wie in unserem Rezept beschrieben.

BLUMENKOHL-MANDEL-CREMESUPPE

Eine zart-cremiges Blumenkohlsüppchen mit leichtem Mandel-Aroma, kombiniert mit Knoblauch-Kräuter-Öl. Ob mit Räucherlachs oder vegetarisch – beides schmeckt winterlich köstlich.

Für 4 Portionen
½ Zwiebel
500 g Blumenkohl
2 EL Rapsöl
500 ml Gemüsebrühe
Meersalz
frisch gemahlener schwarzer Pfeffer
2 TL frische Oreganoblättchen
2 TL frische Thymianblättchen
½ Knoblauchzehe
100 ml Olivenöl
300 ml Mandelmilch
1 Prise frisch geriebene Muskatnuss
Abrieb einer halben Bio-Zitrone
1 EL Mandelmus
4 EL Crème fraîche
1 Spritzer Zitronensaft
4 Scheiben Räucherlachs

Den Backofen auf 180 °C (Ober-/Unterhitze) vorheizen. Die halbe Zwiebel schälen und würfeln. Den Blumenkohl putzen und grob zerkleinern. 2 Handvoll beiseitestellen. 1 EL Rapsöl in einem großen Topf erhitzen und die Zwiebelwürfel darin glasig anschwitzen. Blumenkohl in den Topf geben und ebenfalls anschwitzen. Die Gemüsebrühe angießen, aufkochen und das Gemüse ca. 15 Minuten köcheln lassen.

Währenddessen den übrigen Blumenkohl in kleine Röschen teilen und in einer Schüssel mit 1 EL Rapsöl vermengen. Die Röschen mit Meersalz, Pfeffer und je 1 TL Oregano und Thymian bestreuen und auf einem mit Backpapier ausgelegten Blech verteilen. Ca. 15 Minuten im Backofen rösten, bis sie goldbraun sind.

In der Zwischenzeit die halbe Knoblauchzehe schälen, fein hacken und zusammen mit den restlichen Kräutern, Salz und Olivenöl pürieren.

Sobald der Blumenkohl im Topf gar ist, die Mandelmilch angießen und alles mit Salz, Pfeffer und Muskatnuss würzen. Den Zitronenabrieb und das Mandelmus zugeben und die Suppe mit einem Pürierstab pürieren, bis sie cremig ist. Bis zum Servieren warm halten.

Die Crème fraîche mit Salz, Pfeffer und Zitronensaft würzen. Den Lachs in feine Streifen schneiden. Die Suppe auf tiefe Teller oder in Schüsseln verteilen, jeweils 1 EL Crème fraîche daraufgeben und mit dem gerösteten Blumenkohl, dem Knoblauch-Kräuter-Öl und dem Lachs anrichten. Heiß servieren.

SCHÖNER KANN
REGEN NICHT FALLEN.

TISCHGIRLANDE

Ein kleiner Boho-Weihnachtstraum mit rustikalem Charme.
Mit einem harmonischen Mix aus Tannen & Co und dem Licht
einzelner Kerzen entsteht eine natürlich stilvolle Tischdekoration
für ein entspanntes Festessen.

Grün nach Wahl wie Tannengrün, Eukalyptus, Zweige
Band
hohe Kerzenständer

Das Grün in der Mitte des Tisches längs verteilen. Dabei die Zweige so gut es geht miteinander verweben. Ca. 4 cm lange Stücke vom Band abschneiden und damit hin und wieder ein paar Äste verbinden, damit sie nicht im Laufe des Abends auseinanderdriften. Anschließend die Kerzenleuchter zwischen und neben die Zweige stellen.

Wir legen die Tischgirlande gern leicht geschwungen, damit die Kerzen besser Platz finden – zudem wirkt es so auch natürlicher.

TIPP

Ihr könnt die Girlande noch mit Schleifenbändern, Kugeln oder anderen Anhängern verzieren.

SALZTEIG-DEKOPLÄTZCHEN

Wir haben den Trend der Achtziger aus der Mottenkiste geholt und entstaubt. Mit wenigen Handgriffen ist der Salzteig vorbereitet. Besonders für Kinder ist dies eine herrliche Adventsbeschäftigung. Die Salzteigplätzchen lassen sich wunderbar verschenken – mindestens genauso schön ist es aber, die Stücke Jahr für Jahr wieder hervorzuholen und beim Dekorieren in Erinnerungen zu schwelgen.

2 Tassen Mehl (helles Mehl Type 405 gibt helle Plätzchen, dunkles Mehl Type 1050 dunkle)
1 Tasse feines Salz
1 Tasse Wasser
1 EL Öl (Sonnenblumen- oder Rapsöl)
½ Tasse Kartoffelstärke (funktioniert auch ohne, dann wird der Teig jedoch weniger weich)
Bänder zum Aufhängen
evtl. Farbe zum Bemalen

Den Backofen auf 130 °C (Ober-/Unterhitze) vorheizen. Alle Zutaten in eine Schüssel geben, miteinander vermengen und schön lange kneten. Sobald der Teig geschmeidig und gut formbar ist, ca. 5 mm dick ausrollen. Die Plätzchen nun mit Förmchen nach Wunsch ausstechen und auf ein mit Backpapier ausgelegtes Blech legen. Die Löcher, durch die am Ende die Bänder gezogen werden sollen, mit einem Zahnstocher durchstechen. Dabei darauf achten, dass genug Rand an den Seiten bleibt, damit sie nicht einreißen.

Die kleinen Kunstwerke nun ca. 30 Minuten im Ofen backen. Nach dem Abkühlen sind die Plätzchen hart und können nach Belieben bemalt oder mit Bändchen verziert werden.

TIPP

Einen schönen dekorativen Effekt erzielst du mit ein paar schönen Perlen. Dafür ein Band durch das Loch ziehen und auf beiden Seiten eine Perle auffädeln. Diese in gewünschter Höhe mit Knoten fixieren, dann die Enden des Bandes verknoten.

Astrid

PLATZKARTEN

Hübsche Platzkarten laden Gäste zum Verweilen ein und zaubern ihnen schon vor dem Festschmaus das erste Lächeln aufs Gesicht. Sie vermitteln die Vorfreude der Gastgeber und ihre Wertschätzung für die Besucher. Umso schöner, wenn sich auch noch Zeit genommen wurde, diese von Hand zu gestalten.

kleine Tannen- oder Zypressenzweige (nach Gastanzahl)
grüner Draht
schwarzes Kraftpapier
Schere
Locher
weißer Permanent-Marker oder Kreidestift
schwarzes Paketband

Aus den Tannenzweigen pro Gast einen kleinen Kreis (5–7 cm Ø) formen und mit Draht fixieren.

Aus dem Kraftpapier Kreise (ca. 5 cm Ø) ausschneiden und mit dem Locher 0,5–1 cm vom Rand entfernt jeweils ein Loch stanzen. Den Namen des jeweiligen Gastes mit dem Marker oder Kreidestift auf die Papierkreise schreiben und diese mit Paketband an den gebundenen Zweigen befestigen. Anschließend die Platzkarten auf den schön gedeckten Tisch legen.

TIPP

Ihr könnt auch andere Zweige und farbiges Papier oder Paketband verwenden. So wie es euch am besten gefällt!

WIR VERABSCHIEDEN UNS
LEISE VON DIESEM JAHR.
GELASSEN UND KLAR MACHEN WIR UNS
BEREIT FÜR NEUE TRÄUME, PLÄNE, CHANCEN
UND WEGE – SPANNEND WIE DAS LEBEN.
BIS NÄCHSTES JAHR, AN KALTEN TAGEN
IM KERZENSCHEIN.

REZEPTREGISTER

ZUTATENREGISTER

ZUTATENREGISTER

ÜBER DIE AUTORINNEN

„Mein schönster Advent" ist das erste gemeinsame Buch des WALDSINNIG-DUOS. Die beiden Freundinnen vereint vor allem ihre große Leidenschaft für die kreative Arbeit und das Vergnügen an einem entschleunigten und nachhaltigem Lebensstil.

KERSTIN, die viel öfter mit ihrem Spitznamen „Kerze" angesprochen wird, ist ein absoluter Foodie. Seien es nun die Lebensmittel selbst, das Design der Verpackungen oder neue Restaurants – Kerze kennt sich aus. Neben den Themen Food und Design hat Kerstin noch eine weitere große Leidenschaft – das Fotografieren. Beim Erstellen von Kochbüchern lassen sich diese drei Komponenten wunderbar verbinden. Darum hat Kerstin gemeinsam mit dem Hölker Verlag bereits die Bücher „Das wird dein Tag" und „Eat more of what makes you happy" kreiert. Kontakt: *waldsinnig.de / kn.niehoff@gmail.com*

Nach LAURAS Kolumne entstand nun das erste „Buch-Projekt". Die gebürtige Münsteranerin liebt den Tiefgang und die Stimmungen, welche sich stets in ihren Texten und Fotografien wiederfinden. Mit ihrem Blick für die kleinen Dinge und der Liebe zur Natur und der Kunst, entsteht bei ihrer Arbeit als Content Designer für Leser und Betrachter nicht selten eine Oase der Ruhe. Gemeinsam mit ihrer Hündin Candy trifft man sie daher hauptsächlich in Münsters grünen und abgelegenen Ecken, in Veggie-Restaurants oder beim Kaffee in einem der Hofläden der Umgebung.
Kontakt: *waldsinnig.de / l.fleiter@mail.de*

DANKE AN …

… unsere Models und Assistenten Pia, Mareike, Norbert, Danny und Jenny.
… unsere Mütter für die riesen Unterstützung und das viele Helfen beim Backen und Basteln.
… den Hölker Verlag. Speziell an Dagmar, Jasmin und Franzi, für die tolle Zusammenarbeit.
… Stefanie Wawer für die tolle Gestaltung.
… Katharina Wind für den Feinschliff bei den Texten.
… unsere allerliebsten Hundemodels Candy und Barack.
… unsere Familien für die stetige Unterstützung. Speziell an Lutz und Franz, die uns die Freiheiten ermöglichen, solche Projekte umsetzen zu können.
… unsere Männer. An Norbert für das „Hinterherräumen" und an Sascha für die Tage als Fahrer in Norwegen und das stets ehrliche Feedback.

Verwendete Produkte in diesem Buch:
Kaffee von Lenis Coffee Family *(lenis-coffee-family.de)*
Diverse Lebensmittel von Davert *(davert.de)*
Messer von RaSch Messer *(rasch-messer.de)*

MIX
Papier aus verantwortungsvollen Quellen
FSC® C002795

IMPRESSUM

5 4 3 2 23 22 21 20 19
978-3-88117-163-2

Rezepte und Foodfotos: Kerstin Niehoff
Texte und Moodfotos: Laura Fleiter
Redaktion: Jasmin Parapatits
Lektorat: Katharina Wind
Gestaltung: Stefanie Wawer
Satz: Helene Hillebrand
Litho: FSM Premedia, Münster

Hafenweg 30, 48155 Münster, Germany

www.hoelker-verlag.de